ich finde was …

In der Schule

WALTER WICK

ich finde was …

In der Schule

KOSMOS

Ich finde was ... In der Schatzkiste
Für Linda
Übersetzt von Beatrix Adolphi-Gralke, Achim, Annika und Tobias Gralke.
Titel der Originalausgabe: Can you see what I see? Picture Puzzles to Search and Solve

Published by arrangement with Scholastic Inc., 557 Broadway, New York, NY 10012, USA

Ich finde was ... Im Spielzeugland
Für Fran Fore (1953 – 2002)
Übersetzt von Silke Arnold, Karina Dick, Janine Oswald und Martina Zierold.
Titel der Originalausgabe: Can you see what I see? Dream Machine

Published by arrangement with Scholastic Inc., 557 Broadway, New York, NY 10012, USA

Ich finde was ... Dinosaurier & Co.
Für Jordan Zwetchkenbaum
Übersetzt von Beatrix Adolphi-Gralke, Achim, Annika und Tobias Gralke.
Titel der Originalausgabe: Can you see what I see? Cool Collection

Published by arrangement with Scholastic Inc., 557 Broadway, New York, NY 10012, USA

Ich finde was ... Zur Weihnachtszeit
Für meine Mutter, Betty Wick, in Liebe
Übersetzt von Beatrix Adolphi-Gralke, Achim, Annika und Tobias Gralke.
Titel der Originalausgabe: Can you see what I see? Night before Christmas

Published by arrangement with Scholastic Inc., 557 Broadway, New York, NY 10012, USA

Diese Werke wurden vermittelt von der Literarischen Agentur Thomas Schlück GmbH, 30827 Garbsen

Unser gesamtes lieferbares Programm und
viele weitere Informationen zu unseren Büchern,
Spielen, Experimentierkästen, Aktivitäten,
Autorinnen und Autoren findest du unter **kosmos.de**

MIX
Papier aus verantwortungsvollen Quellen
FSC® C014138

Gedruckt auf chlorfrei gebleichtem Papier

ISBN: 978-3-440-17727-3
Redaktion: Julia Hiller
Umschlaggestaltung, Satz und Reproduktion: Sigrid Walter, Würzburg
Produktion: Verena Schmynec
Druck und Bindung: Finidr, s.r.o., Český Těšín
Printed in the Czech Republic / Imprimé en République Tchèque

Inhalt

FLIEGER
ENTEN

Stempel-Krempel

Ich finde
drei Würfel und einen Fuchs
im schnellen Lauf,
einen roten Blumentopf
und eine Torte mit Kerzen drauf.

Einen Drachen in der Luft,
einen Elefanten auf dem Ball,
ein Baby in der Wiege
und Buchstaben – überall!

Fünf Mäuse und vier Kamele,
zwei Enten vorm Zaun.
Findest du auch den Ritter?
Du musst nur ganz genau schaun!

Bunte Knöpfe

Ich finde
drei Hasen, zwei Hunde
und eine gelbe Eule,
ein Segelboot im Wind
und zum Ballschlagen ’ne Keule.

Eine Palme, einen Eimer,
eine Ente mit Hut,
auch den Bären und drei Frösche
erkennst du bestimmt gut.

Eine Kanne mit Tee
und fünf Anker sind dabei;
es sitzt sogar ein Schmetterling
im bunten Allerlei.

S.T.
5788
9678
ECHTE
ABC
BABY-KNÖPFE

22
24
25
27 Halbe Fahrt voraus
28
29
30
10 CENT

Kartentricks

Ich finde
sieben Pferde und
eine Fahne im Wind.
Den gelben Kegel
siehst du geschwind.

Einen goldenen Schlüssel,
ein rotes Telefon.
Fehler auf sieben Karten
entdeckst du sie schon?

Fünfzehn Herzen –
und ich geb' dir 'nen Tipp!
Da auf der 23
liegt noch ein Chip!

Perlen und Schmuck

Ich finde
einen Ball mit roten Nähten,
eine Kette mit einem C,
einen Riss in einer Glocke
und einen Mann aus Schnee.

Zwei Handschuhe
und einen Kamm,
einen Dominostein mit 'ner 3,
eine Windmühle und ein Fächer
sind auch mit dabei.

Drei Bären, drei Kätzchen,
einen gelben Kinderwagen.
Wo ist der Cowboystiefel,
kannst du mir das sagen?

Im
Lichter-
glanz
STEFAN

Nichts regt sich

Ich finde
einen Hahn, sieben Schafe,
eine Ente und zwei Drachen.
Eine Giraffe reckt den Hals,
keiner schläft, alle wachen.

Einen Truthahn, einen Affen
und eine schlafende Maus.
Eine Lokomotive steht still,
doch keiner steigt aus.

Elf Schneeflocken, zwei Uhren,
zwei Wagen und Spielkarten.
Fünf lustige Zwerge
wollen nicht mehr warten.

Kordelkurven

Ich finde
elf Würfel mit Zahlen,
eine stählerne Feder.
Davor das kleine Kamel
sieht schnell bestimmt jeder.

Ein silbernes Sonnengesicht
und ’nen gefleckten Hund.
Sechs weiße Mäuse
treiben es wirklich bunt.

Eine rollende Schraube und
einen Frosch, sehr klein.
Wo ist die silberne Katze?
Sie glänzt so fein!

EXPRESS DOMINO
U.S. MAIL
SCHLÜSSEL
KAUGUMMI
SCHMECKERS
PFEFFERMINZ
50 CENT
10 CENT
Pferd
TRÖDELOTTO
GEIZHALS
X
ist für ... ?
G
ist für Gans
MAGD
BUTLER
HIGGINS
HANS im GLÜCK
CLUB
Tinte
PAULCHEN PECH

Jede Menge Spiele

Ich finde

eine Fliege und einen Fingerhut,

auf einem blauen Würfel 'ne 4,

sogar ein Elefantenrüssel

versteckt sich hier.

Einen Mann mit Posaune

und einen Raucher mit Bauch,

einen Trödler mit rotem Sack

und einen flitzenden Hasen auch.

Ängstlich ist die Katze

unter den Stuhl gekrochen.

Vielleicht ist ja durch ihre Schuld

die Scheibe zerbrochen?

Dominosteine

Ich finde
einen rollenden Ball
und zwei Becken.
Auch einen Nagel
kannst du entdecken.

Drei Affen, einer
mit Trommelschlegel.
Drei Fingerhüte
und fünf weiße Kegel.

Ein Hund macht Männchen,
ein Frosch ruht sich aus.
Ein Clown balanciert,
bekommt er Applaus?

POLIZEI

Kleine Roboter

Ich finde
eine Säge und einen Roboter,
der auf dem Dreirad sitzt,
eine Gabel und ein Polizeiauto,
das durch die Gegend flitzt.

Ein rot-grünes Wesen
mit Zahlen auf der Brust,
einen Kreisel und eine Teekanne.
Such mit uns! Hast du Lust?

Es ist 6:47 Uhr,
noch stehen alle starr.
Doch bald ziehen sie los,
dann lauert Gefahr!

Wer hilft beim Zusammenbauen?

Ich finde
eine Heftklammer
und eine Bratpfanne.
Zwei silberne Herzen
und eine Kaffeekanne.

Einen Rollschuh, ein Glöckchen
und ein Schiff ganz klein.
Aus elf Teilen soll
der Roboter sein.

Einen Handschuh
zum Spiel mit dem Ball.
Siehst du Löffel und Globus?
Auf jeden Fall!

MAUSPERSPEKTIVE
SEITENANSICHT

Volle Kisten

Ich finde
vier Baseball-Schläger
und drei blaue Sterne.
Die rote Fliege
trägt der Clown gerne.

Einen Marienkäfer und
einen Würfel auf Zwei.
Ein Löffel und eine Scherbe
sind auch noch dabei.

Eine Schraubenmutter
im Lieferwagen.
Und wo ist der Mond?
Kann es der Löwe dir sagen?

Traummaschine

Ich finde

einen Stern, einen Trichter,

einen sitzenden Hasen

und eine Kugel

die Bahn herunterrasen.

Ein Lineal, eine Spinne

und ein Grammophon,

einen Rollschuh, ein Schwert,

siehst du sie schon?

Eine Münze mit Kutsche

und eine mit Profil;

hier kannst du finden

ganz schön viel!

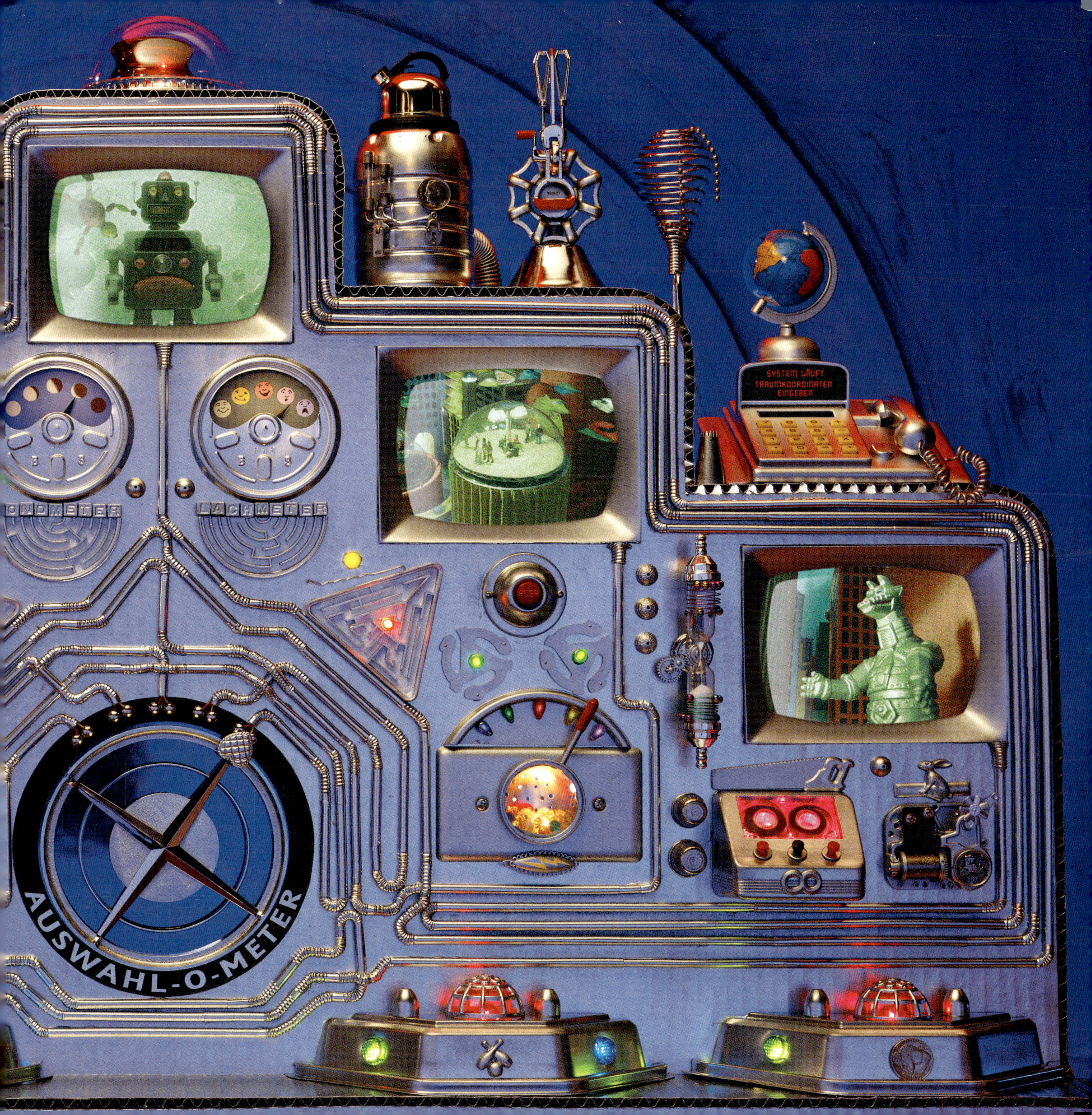
SYSTEM LÄUFT
TRAUMKOORDINATEN
EINGEBEN
LACHMETER
AUSWAHL-O-METER

Im Buchstaben-labyrinth

Ich finde

eine Zahnbürste und

einen blauen Pfeil.

Auf einer Spielkarte

einen Buben mit Beil.

Eine Schubkarre und

eine grüne Kette.

Die Murmel findest du –

Jede Wette!

Einen Weg

vom A zum Zett!

Magst du ihn gehen?

Doch dann ab ins Bett!

Über Walter Wick

Walter Wick ist der Fotograf der Ich sehe was ...-Bücherreihe, mit einer Gesamtauflage von mehr als 29 Millionen Exemplaren weltweit. Für sein Buch A Drop of Water: A Book of Science and Wonder, für das er sowohl als Fotograf als auch als Autor tätig war, gewann er den Boston Globe/Horn Book Award im Bereich Sachbuch. Die American Library Association bezeichnete es als „ein bemerkenswertes Kinderbuch“ und es wurde als Orbis Pictus Honor Book und CBC/NSTA Outstanding Science Trade Book für Kinder ausgewählt. Walter Wick's Optical Tricks, ein Buch über fotografische Illusionen, wurde von der New York Times Book Review als „bestillustriertes Kinderbuch“ geehrt, fiel der American Library Association als bemerkenswertes Kinderbuch auf und erhielt zahlreiche Auszeichnungen, unter anderem den Platinum Award von der Oppenheim Toy Portfolio, den Young Readers Award der Scientific American, ein Blaues Band des Bulletin und die Parent's Choice Silver Honor. Ich finde was ... erschien 2003 und stand 22 Wochen lang in der New York Times Bestseller Liste. Herr Wick hat sich für das GAMES Magazin Spiele rund um das Thema Fotografie ausgedacht und fotografiert Cover für Bücher und Zeitschriften wie Newsweek, Discover und Psychology Today. Er absolvierte das Paier College of Art und lebt heute mit seiner Ehefrau Linda in Connecticut.

Spannende Suchbilder

Gezielt suchen, konzentriert schauen und
dabei viele tolle Entdeckungen machen!
Oder einfach den Blick schweifen und die Fantasie spielen lassen.
Ob zu Hause oder unterwegs, langweilig wird es mit
Ich finde was… und *Ich sehe was* … nie!

ISBN 978-3-440-16679-6

ISBN 978-3-440-16105-0

ISBN 978-3-440-16368-9

ISBN 978-3-440-17465-4

ISBN 978-3-440-16680-2*

40 Seiten | großformatige Suchbilder | €/D ca. 14,– | *€/D ca. 16,–

Preisänderungen vorbehalten

kosmos.de